Essai sur les guerres civiles de France

Voltaire

FSC
www.fsc.org
MIXTE
Papier issu
de sources
responsables
Paper from
responsible sources
FSC® C105338

Table des matières

AVERTISSEMENT **pour l'*Essai sur les guerres civiles de France***

Voltaire publia, en 1727, un ouvrage qu'il avait écrit en anglais, et intitulé *an Essay upon the civil wars of France, extracted from curious manuscripts;* Londres, S. Jallasson, in-8° de trente-cinq pages[1] ; c'était la première partie de l'*Essai sur la poésie épique.* La censure de Paris ne permit pas l'impression de l'*Essai sur les guerres civiles*[2], et la traduction de l'abbé Granet[3] ne vit le jour qu'en Hollande, en 1729. Elle fut réimprimée, dans le même pays, en 1731.

Pendant longtemps cet écrit n'a pas été admis dans les Œuvres de Voltaire. Enfin on l'imprima, en 1768, dans la septième partie des *Nouveaux Mélanges* ; et depuis lors il avait toujours été conservé dans les *Mélanges.* Ce sont les éditeurs de Kehl qui l'ont imprimé dans le même volume que *la Henriade* : c'était faire ce que désiraient les auteurs de la *Bibliothèque française*[4].

Ayant vainement cherché à Paris et fait chercher à Londres un exemplaire de l'ouvrage anglais, je donne la traduction de l'abbé Granet, comme on le fait depuis 1768, sans le savoir, ou du moins sans le dire.

ESSAI

SUR

LES GUERRES CIVILES

SUR

LES GUERRES CIVILES

DE FRANCE

Henri le Grand naquit, en 1553, à Pau, petite ville, capitale du Béarn : Antoine de Bourbon, duc de Vendôme, son père, était du sang royal de France, et chef de la branche de Bourbon (ce qui autrefois signifiait *bourbeux*), ainsi appelée d'un fief de ce nom, qui tomba dans leur maison par un mariage avec l'héritière de Bourbon.

La maison de Bourbon, depuis Louis IX jusqu'à Henri IV, avait presque toujours été négligée, et réduite à un tel degré de pauvreté qu'on a prétendu que le fameux prince de Condé, frère d'Antoine de Navarre, et oncle de Henri le Grand, n'avait que six cents livres de rente de son patrimoine.

La mère de Henri était Jeanne d'Albret, fille de Henri d'Albret, roi de Navarre, prince sans mérite, mais bonhomme, plutôt indolent que paisible, qui soutint avec trop de résignation la perte de son royaume, enlevé à son père par une bulle du pape, appuyée des armes de l'Espagne. Jeanne, fille d'un prince si faible, eut encore un plus faible époux, auquel elle apporta en mariage la principauté de Béarn, et le vain titre de roi de Navarre.

Ce prince, qui vivait dans un temps de factions et de guerres civiles, où la fermeté d'esprit est si nécessaire, ne fit voir qu'incertitude et irrésolution dans sa conduite. Il ne sut jamais de quel parti ni de quelle religion il était. Sans talent pour la cour, et sans capacité pour l'emploi de général d'armée, il passa toute sa vie à favoriser ses ennemis et à ruiner ses serviteurs, joué par Catherine de Médicis, amusé et accablé par les Guises, et toujours dupe de lui-même. Il reçut une blessure mortelle au siège de Rouen, où il combattit pour la cause de ses ennemis contre l'intérêt de sa propre maison. Il fit voir, en mourant, le même esprit inquiet et flottant qui l'avait agité pendant sa vie.

Jeanne d'Albret était d'un caractère tout opposé : pleine de courage et de résolution, redoutée de la cour de France, chérie des protestants, estimée des deux partis. Elle avait toutes les qualités qui font les grands politiques, ignorant cependant les petits artifices de l'intrigue et de la cabale. Une chose remarquable est qu'elle se fit protestante dans le même temps que son époux redevint catholique[6] et fut aussi constamment attachée à sa nouvelle religion qu'Antoine était chancelant dans la sienne. Ce fut par là qu'elle se vit à la tête d'un parti, tandis que son époux était le jouet de l'autre.

Jalouse de l'éducation de son fils, elle voulut seule en prendre le soin. Henri apporta en naissant toutes les excellentes qualités de sa mère, et il les porta dans la suite à un plus haut degré de perfection. Il n'avait hérité de son père qu'une certaine facilité d'humeur, qui dans Antoine dégénéra en incertitude et en faiblesse, mais qui dans Henri fut bienveillance et bon naturel.

Il ne fut pas élevé, comme un prince, dans cet orgueil lâche et efféminé qui énerve le corps, affaiblit l'esprit, et endurcit le cœur. Sa nourriture était grossière, et ses habits simples et unis. Il alla toujours nu-tête. On l'envoyait à l'école avec des jeunes gens de même âge ; il grimpait avec eux sur les rochers et sur le sommet des montagnes voisines, suivant la coutume du pays et des temps.

Pendant qu'il était ainsi élevé au milieu de ses sujets, dans une sorte d'égalité, sans laquelle il est facile à un prince d'oublier qu'il est né homme, la fortune ouvrit en France une scène sanglante ; et, au travers des débris d'un royaume presque détruit, et sur les cendres de plusieurs princes enlevés par une mort prématurée, lui fraya le chemin d'un trône qu'il ne put rétablir dans son ancienne splendeur qu'après en avoir fait la conquête.

Henri II, roi de France, chef de la branche des Valois, fut tué, à Paris, dans un tournoi qui fut en Europe le dernier de ces romanesques et périlleux divertissements. Il laissa quatre fils : François II, Charles IX, Henri III, et le duc d'Alençon. Tous ces indignes descendants de François Ier montèrent successivement sur le trône, excepté le duc d'Alençon, et moururent, heureusement, à la fleur de leur âge, et sans postérité.

Le règne de François II fut court, mais remarquable. Ce fut alors que percèrent ces factions et que commencèrent ces calamités qui, pendant trente ans successivement, ravagèrent le royaume de France.

Il épousa la célèbre et malheureuse Marie Stuart, reine d'Écosse, que sa beauté et sa faiblesse conduisirent à de grandes fautes, à de plus grands malheurs, et enfin à une mort déplorable. Elle était maîtresse absolue de son jeune époux, prince de dix-huit ans, sans vices et sans vertus, né avec un corps délicat et un esprit faible.

Incapable de gouverner par elle-même, elle se livra sans réserve au duc de Guise, frère de sa mère. Il influait sur l'esprit du roi par son moyen, et jetait par là les fondements de la grandeur de sa propre maison. Ce fut dans ce temps que Catherine de Médicis, veuve du feu roi, et mère du roi régnant, laissa échapper les premières étincelles de son ambition, qu'elle avait habilement étouffée pendant la vie de Henri II. Mais, se voyant incapable de l'emporter sur l'esprit de son fils et sur une jeune princesse qu'il aimait passionnément, elle crut qu'il lui était plus avantageux d'être pendant quelque temps leur instrument, et de se servir de leur pouvoir pour établir son autorité, que de s'y opposer inutilement. Ainsi les Guises gouvernaient le roi et les deux reines. Maîtres de la cour, ils devinrent les maîtres de tout le royaume : l'un, en France, est toujours une suite nécessaire de l'autre.

La maison de Bourbon gémissait sous l'oppression de la maison de Lorraine ; et Antoine, roi de Navarre, souffrit tranquillement plusieurs affronts d'une dangereuse conséquence. Le prince de Condé, son frère, encore plus indignement traité, tâcha de secouer le joug, et s'associa pour ce grand dessein à l'amiral de Coligny, chef de la maison de Châtillon. La cour n'avait point d'ennemi plus redoutable. Condé était plus ambitieux, plus entreprenant, plus actif ; Coligny était d'une humeur plus posée, plus mesuré dans sa conduite, plus capable d'être chef d'un parti : à la vérité aussi malheureux à la guerre que Condé, mais réparant souvent par son habileté ce qui semblait irréparable ; plus dangereux après une défaite que ses ennemis après une victoire ; orné d'ailleurs d'autant de vertus que des temps si orageux et l'esprit de faction pouvaient le permettre.

Les protestants commençaient alors à devenir nombreux : ils s'aperçurent bientôt de leurs forces.

La superstition, les secrètes fourberies des moines de ce temps-là, le pouvoir immense de Rome, la passion des hommes pour la nouveauté, l'ambition de Luther et de Calvin, la politique de plusieurs princes, servirent à l'accroissement de cette secte, libre à la vérité de superstition, mais tendant aussi impétueusement à l'anarchie que la religion de Rome à la tyrannie.

Les protestants avaient essuyé en France les persécutions les plus violentes, dont l'effet ordinaire est de multiplier les prosélytes. Leur secte croissait au milieu des échafauds et des tortures. Condé, Coligny, les deux frères de Coligny, leurs partisans, et tous ceux qui étaient tyrannisés par les

Guises, embrassèrent en même temps la religion protestante. Ils unirent avec tant de concert leurs plaintes, leur vengeance, et leurs intérêts, qu'il y eut en même temps une révolution dans la religion et dans l'État.

La première entreprise fut un complot pour arrêter les Guises à Amboise, et pour s'assurer de la personne du roi. Quoique ce complot eût été tramé avec hardiesse et conduit avec secret, il fut découvert au moment où il allait être mis en exécution. Les Guises punirent les conspirateurs de la manière la plus cruelle, pour intimider leurs ennemis, et les empêcher de former à l'avenir de pareils projets. Plus de sept cents protestants furent exécutés ; Condé fut fait prisonnier, et accusé de lèse-majesté ; on lui fit son procès, et il fut condamné à mort.

Pendant le cours de son procès, Antoine, roi de Navarre, son frère, leva en Guyenne, à la sollicitation de sa femme et de Coligny, un grand nombre de gentilshommes, tant protestants que catholiques, attachés à sa maison. Il traversa la Gascogne avec son armée ; mais, sur un simple message qu'il reçut de la cour en chemin, il les congédia tous en pleurant. « Il faut que j'obéisse, dit-il ; mais j'obtiendrai votre pardon du roi. — Allez, et demandez pardon pour vous-même, lui répondit un vieux capitaine ; notre sûreté est au bout de nos épées. » Là-dessus la noblesse qui le suivait s'en retourna avec mépris et indignation.

Antoine continua sa route, et arriva à la cour. Il y sollicita pour la vie de son frère, n'étant pas sûr de la sienne. Il allait tous les jours chez le duc et chez le cardinal de Guise, qui le recevaient assis et couverts, pendant qu'il était debout et nu-tête.

Tout était prêt alors pour la mort du prince de Condé, lorsque le roi tomba tout d'un coup malade, et mourut. Les circonstances et la promptitude de cet événement, le penchant des hommes à croire que la mort précipitée des princes n'est point naturelle, donnèrent cours au bruit commun que François II avait été empoisonné.

Sa mort donna un nouveau tour aux affaires. Le prince de Condé fut mis en liberté : son parti commença à respirer ; la religion protestante s'étendit de plus en plus ; l'autorité des Guises baissa, sans cependant être abattue ; Antoine de Navarre recouvra une ombre d'autorité dont il se contenta ; Marie Stuart fut renvoyée en Écosse ; et Catherine de Médicis, qui commença alors à jouer le premier rôle sur ce théâtre, fut déclarée régente du royaume pendant la minorité de Charles IX, son second fils.

Elle se trouva elle-même embarrassée dans un labyrinthe de difficultés insurmontables, et partagée entre deux religions et différentes factions, qui étaient aux prises l'une avec l'autre, et se disputaient le pouvoir souverain.

Cette princesse résolut de les détruire par leurs propres armes, s'il était possible. Elle nourrit la haine des Condés contre les Guises ; elle jeta la semence des guerres civiles ; indifférente et impartiale entre Rome et Genève[Z], uniquement jalouse de sa propre autorité.

Les Guises, qui étaient zélés catholiques, parce que Condé et Coligny étaient protestants, furent longtemps à la tête des troupes. Il y eut plusieurs batailles livrées : le royaume fut ravagé en même temps par trois ou quatre armées.

Le connétable Anne de Montmorency fut tué à la journée de Saint-Denis, dans la soixante et quatorzième année de son âge. François, duc de Guise, fut assassiné par Poltrot, au siège d'Orléans. Henri III, alors duc d'Anjou, grand prince dans sa jeunesse, quoique roi de peu de mérite dans la maturité de l'âge, gagna la bataille de Jarnac contre Condé, et celle de Moncontour contre Coligny.

La conduite de Condé, et sa mort funeste à la bataille de Jarnac, sont trop remarquables pour n'être pas détaillées. Il avait été blessé au bras deux jours auparavant. Sur le point de donner bataille à son ennemi, il eut le malheur de recevoir un coup de pied d'un cheval fougueux, sur lequel était monté un de ses officiers. Le prince, sans marquer aucune douleur, dit à ceux qui étaient autour de lui : « Messieurs, apprenez par cet accident qu'un cheval fougueux est plus dangereux qu'utile dans un jour de bataille. Allons, poursuivit-il, le prince de Condé, avec une jambe cassée et le bras en écharpe, ne craint point de donner bataille, puisque vous le suivez. » Le succès ne répondit point à son courage : il perdit la bataille; toute son armée fut mise en déroute. Son cheval ayant été tué sous lui, il se tint tout seul, le mieux qu'il put, appuyé contre un arbre, à demi évanoui, à cause de la douleur que lui causait son mal, mais toujours intrépide, et le visage tourné du côté de l'ennemi. Montesquiou, capitaine des gardes du duc d'Anjou, passa par là quand ce prince infortuné était en cet état, et demanda qui il était. Comme on lui dit que c'était le prince de Condé, il le tua de sang-froid.

Après la mort de Condé, Coligny eut sur les bras tout le fardeau du parti. Jeanne d'Albret, alors veuve, confia son fils à ses soins. Le jeune Henri, alors âgé de quatorze ans, alla avec lui à l'armée, et partagea les fatigues de la guerre. Le travail et les adversités furent ses guides et ses maîtres.

Sa mère et l'amiral n'avaient point d'autre vue que de rendre en France leur religion indépendante de l'Église de Rome, et d'assurer leur propre autorité contre le pouvoir de Catherine de Médicis.

Catherine était déjà débarrassée de plusieurs de ses rivaux. François, duc de Guise, qui était le plus dangereux et le plus nuisible de tous, quoiqu'il fût de même parti, avait été assassiné devant Orléans. Henri de Guise, son fils, qui joua depuis un si grand rôle dans le monde, était alors fort jeune.

Le prince de Condé était mort. Charles IX, fils de Catherine, avait pris le pli qu'elle voulait, étant aveuglément soumis à ses volontés. Le duc d'Anjou, qui fut depuis Henri III, était absolument dans ses intérêts ; elle ne craignait d'autres ennemis que Jeanne d'Albret, Coligny, et les protestants. Elle crut qu'un seul coup pouvait les détruire tous, et rendre son pouvoir immuable.

Elle pressentit le roi, et même le duc d'Anjou, sur son dessein. Tout fut concerté ; et les pièges étant préparés, une paix avantageuse fut proposée aux protestants. Coligny, fatigué de la guerre civile, l'accepta avec chaleur. Charles, pour ne laisser aucun sujet de soupçon, donna sa sœur en mariage au jeune Henri de Navarre. Jeanne d'Albret, trompée par des apparences si séduisantes, vint à la cour avec son fils, Coligny, et tous les chefs des protestants. Le mariage fut célébré[8] avec pompe : toutes les manières obligeantes, toutes les assurances d'amitié, tous les serments, si sacrés parmi les hommes, furent prodigués par Catherine et par le roi. Le reste de la cour n'était occupé que de fêtes, de jeux, et de mascarades. Enfin une nuit, qui fut la veille de la Saint-Barthélemy, au mois d'août 1572, le signal fut donné à minuit. Toutes les maisons des protestants furent forcées et ouvertes en même temps. L'amiral de Coligny, alarmé du tumulte, sauta de son lit. Une troupe d'assassins entra dans sa chambre ; un certain Besme, Lorrain[9] qui avait été élevé domestique dans la maison de Guise, était à leur tête : il plongea son épée dans le sein de l'amiral, et lui donna un coup de revers sur le visage.

Le jeune Henri, duc de Guise, qui forma ensuite la ligue catholique, et qui fut depuis assassiné à Blois, était à la porte de la maison de Coligny, attendant la fin de l'assassinat, et cria tout haut : *Besme, cela est-il fait ?* Immédiatement après, les assassins jetèrent le corps de l'amiral par la fenêtre. Coligny tomba et expira aux pieds de

Guise, qui lui marcha sur le corps ; non qu'il fût enivré de ce zèle catholique pour la persécution, qui dans ce temps avait infecté la moitié de la France, mais il y fut poussé par l'esprit de vengeance, qui, bien qu'il ne soit pas en général si cruel que le faux zèle pour la religion, mène souvent à de plus grandes bassesses.

Cependant tous les amis de Coligny étaient attaqués dans Paris : hommes, enfants, tout était massacré sans distinction : toutes les rues étaient jonchées de corps morts. Quelques prêtres, tenant un crucifix d'une main et une épée de l'autre, couraient à la tête des meurtriers, et les encourageaient, au nom de Dieu, à n'épargner ni parents ni amis.

Le maréchal de Tavannes, soldat ignorant et superstitieux, qui joignait la fureur de la religion à la rage du parti, courait à cheval dans Paris, criant aux soldats : « Du sang, du sang ! La saignée est aussi salutaire au mois d'août que dans le mois de mai. »

Le palais du roi fut un des principaux théâtres du carnage, car le prince de Navarre logeait au Louvre, et tous ses domestiques étaient protestants. Quelques-uns d'entre eux furent tués dans leurs lits avec leurs femmes ; d'autres s'enfuyaient tout nus, et étaient poursuivis par les soldats sur les escaliers de tous les appartements du palais, et même jusqu'à l'antichambre du roi. La jeune femme de Henri de Navarre, éveillée par cet affreux tumulte, craignant pour son époux et pour elle-même, saisie d'horreur et à demi morte, sauta brusquement de son lit pour aller se jeter aux pieds du roi son frère. À peine eut-elle ouvert la porte de sa chambre que quelques-uns de ses domestiques protestants coururent s'y réfugier. Les soldats entrèrent après eux, et les poursuivirent en présence de la princesse. Un d'eux, qui s'était caché sous son lit, y fut tué ; deux autres furent percés de coups de hallebarde à ses pieds ; elle fut elle-même couverte de sang.

Il y avait un jeune gentilhomme qui était fort avant dans la faveur du roi, à cause de son air noble, de sa politesse, et d'un certain tour heureux qui régnait dans sa conversation : c'était le comte de La Rochefoucauld, bisaïeul du marquis de Montendre, qui est venu en Angleterre pendant une persécution moins cruelle, mais aussi injuste. La Rochefoucauld[10] avait passé la soirée avec le roi dans une douce familiarité, où il avait donné l'essor à son imagination. Le roi sentit quelques remords, et fut touché d'une sorte de compassion pour lui : il lui dit deux ou trois fois de ne point retourner chez lui, et de coucher dans sa chambre ; mais La Rochefoucauld répondit qu'il voulait aller trouver sa femme. Le roi ne l'en pressa pas davantage, et dit : « Qu'on le laisse aller ; je vois bien que Dieu a résolu sa mort. » Ce jeune homme fut massacré deux heures après.

Il y en eut fort peu qui échappèrent de ce massacre général. Parmi ceux-ci, la délivrance du jeune La Force est un exemple illustre de ce que les hommes appellent destinée. C'était un enfant de dix ans[11]. Son père, son frère aîné, et lui, furent arrêtés en même temps par les soldats du duc d'Anjou, Ces meurtriers tombèrent sur tous les trois tumultuairement, et les frappèrent au hasard. Le père et les enfants, couverts de sang, tombèrent à la renverse les uns sur les autres. Le plus jeune, qui n'avait reçu aucun coup, contrefit le mort, et le jour suivant il fut délivré de tout danger. Une vie si miraculeusement conservée dura quatre-vingt-cinq ans. Ce fut le célèbre maréchal de La Force, oncle de la duchesse de La Force, qui est présentement en Angleterre.

Cependant plusieurs de ces infortunées victimes fuyaient du côté de la rivière. Quelques-uns la traversaient à la nage pour gagner le faubourg Saint-Germain. Le roi les aperçut de sa fenêtre, qui avait vue sur la rivière : ce qui est presque incroyable, quoique cela ne soit que trop vrai, il tira sur eux avec une carabine[12]. Catherine de Médicis, sans trouble, et avec un air serein et tranquille au milieu de cette boucherie, regardait du haut d'un balcon qui avait vue sur la ville, enhardissait les assassins, et riait d'entendre les soupirs des mourants et les cris de ceux qui étaient massacrés. Ses filles d'honneur vinrent dans la rue avec une curiosité effrontée, digne des abominations de ce siècle : elles contemplèrent le corps nu d'un gentilhomme nommé Soubise, qui avait été soupçonné d'impuissance, et qui venait d'être assassiné sous les fenêtres de la reine[13].

La cour, qui fumait encore du sang de la nation, essaya quelques jours après de couvrir un forfait si énorme par les formalités des lois. Pour justifier ce massacre, ils imputèrent calomnieusement à l'amiral une conspiration qui ne fut crue de personne. On ordonna au parlement de procéder contre la mémoire de Coligny. Son corps fut pendu par les pieds avec une chaîne de fer au gibet de Montfaucon. Le roi lui-même eut la cruauté d'aller jouir de ce spectacle horrible. Un de ses courtisans l'avertissant de se retirer, parce que le corps sentait mauvais, le roi répondit : « Le corps d'un ennemi mort sent toujours bon. »

Il est impossible de savoir s'il est vrai que l'on envoya la tête de l'amiral à Rome. Ce qu'il y a de bien certain, c'est qu'il y a à Rome, dans le Vatican, un tableau où est représenté le massacre de la Saint-Barthélémy, avec ces paroles : « Le pape approuve la mort de Coligny. »

Le jeune Henri de Navarre fut épargné plutôt par politique que par compassion de la part de Catherine, qui le retint prisonnier jusqu'à la mort du roi, pour être caution de la soumission des protestants qui voudraient se révolter.

Jeanne d'Albret était morte subitement trois ou quatre jours auparavant. Quoique peut-être sa mort eût été naturelle, ce n'est pas toutefois une opinion ridicule de croire qu'elle avait été empoisonnée.

L'exécution ne fut pas bornée à la ville de Paris. Les mêmes ordres de la cour furent envoyés à tous les gouverneurs des provinces de France. Il n'y eut que deux ou trois gouverneurs qui refusèrent d'obéir aux ordres du roi. Un entre autres, appelé Montmorin, gouverneur d'Auvergne, écrivit à Sa Majesté la lettre suivante, qui mérite d'être transmise à la postérité :

« [14] Sire, j'ai reçu un ordre, sous le sceau de Votre Majesté, de faire mourir tous les protestants qui sont dans ma province. Je respecte trop Votre Majesté pour ne pas croire que ces lettres sont supposées ; et si (ce qu'à Dieu ne plaise) l'ordre est véritablement émané d'elle, je la respecte aussi trop pour lui obéir [15]. »

Ces massacres portèrent au cœur des protestants la rage et l'épouvante. Leur haine irréconciliable sembla prendre de nouvelles forces : l'esprit de vengeance les rendit plus forts et plus redoutables.

Peu de temps après, le roi fut attaqué d'une étrange maladie qui l'emporta au bout de deux ans. Son sang coulait toujours, et perçait au travers des pores de sa peau : maladie incompréhensible, contre laquelle échoua l'art et l'habileté des médecins, et qui fut regardée comme un effet de la vengeance divine.

Durant la maladie de Charles, son frère, le duc d'Anjou, avait été élu roi de Pologne : il devait son élévation à la réputation qu'il avait acquise étant général, et qu'il perdit en montant sur le trône.

Dès qu'il apprit la mort de son frère, il s'enfuit de Pologne, et se hâta de venir en France se mettre en possession du périlleux héritage d'un royaume déchiré par des factions fatales à ses souverains, et inondé du sang de ses habitants. Il ne trouva en arrivant que partis et troubles, qui augmentèrent à l'infini.

Henri, alors roi de Navarre, se mit à la tête des protestants, et donna une nouvelle vie à ce parti. D'un autre côté, le jeune duc de Guise commençait à frapper les yeux de tout le monde par ses grandes et dangereuses qualités. Il avait un génie encore plus entreprenant que son père ; il semblait d'ailleurs avoir une heureuse occasion d'atteindre à ce faîte de grandeurs dont son père lui avait frayé le chemin.

Le duc d'Anjou, alors Henri III, était regardé comme incapable d'avoir des enfants, à cause de ses infirmités, qui étaient les suites des débauches de sa jeunesse. Le duc d'Alençon, qui avait pris le nom de duc d'Anjou, était mort en 1584, et Henri de Navarre était légitime héritier de la couronne. Guise essaya de se l'assurer à lui-même, du moins après la mort de Henri III, et de l'enlever à la maison des Capets, comme les Capets l'avaient usurpée sur la maison de Charlemagne, et comme le père de Charlemagne l'avait ravie à son légitime souverain.

Jamais si hardi projet ne parut si bien et si heureusement concerté, Henri de Navarre et toute la maison de Bourbon était protestante. Guise commença à se concilier la bienveillance de la nation, en affectant un grand zèle pour la religion catholique : sa libéralité lui gagna le peuple ; il avait tout le clergé à sa dévotion, des amis dans le parlement, des espions à la cour, des serviteurs dans tout le royaume. Sa première démarche politique fut une association sous le nom de *sainte Ligue* contre les protestants pour la sûreté de la religion catholique.

La moitié du royaume entra avec empressement dans cette nouvelle confédération. Le pape Sixte-Quint donna sa bénédiction à la Ligue, et la protégea comme une nouvelle milice romaine. Philippe II, roi d'Espagne, selon la politique des souverains qui concourent toujours à la ruine de leurs voisins, encouragea la Ligue de toutes ses forces, dans la vue de mettre la France en pièces, et de s'enrichir de ses dépouilles.

Ainsi Henri III, toujours ennemi des protestants, fut trahi lui-même par des catholiques, assiégé d'ennemis secrets et déclarés, et inférieur en autorité à un sujet qui, soumis en apparence, était réellement plus roi que lui.

La seule ressource pour se tirer de cet embarras était peut-être de se joindre avec Henri de Navarre, dont la fidélité, le courage, et l'esprit infatigable, étaient l'unique barrière qu'on pouvait opposer à l'ambition de Guise, et qui pouvait retenir dans le parti du roi tous les protestants ; ce qui eût mis un grand poids de plus dans sa balance.

Le roi, dominé par Guise, dont il se défiait, mais qu'il n'osait offenser, intimidé par le pape, trahi par son conseil et par sa mauvaise politique, prit un parti tout opposé ; il se mit lui-même à la tête de la sainte Ligue. Dans l'espérance de s'en rendre le maître, il s'unit avec Guise, son sujet rebelle, contre son successeur et son beau-frère, que la nature et la bonne politique lui désignaient pour son allié.

Henri de Navarre commandait alors en Gascogne une petite armée, tandis qu'un grand corps de troupes accourait à son secours de la part des princes protestants d'Allemagne ; il était déjà sur les frontières de Lorraine.

Le roi s'imagina qu'il pourrait tout à la fois réduire le Navarrois, et se débarrasser de Guise. Dans ce dessein, il envoya le Lorrain avec une très-petite et très-faible armée contre les Allemands, par lesquels il faillit à être mis en déroute.

Il fit marcher en même temps Joyeuse, son favori, contre le Navarrois, avec la fleur de la noblesse française, et avec la plus puissante armée qu'on eût vue depuis François Ier. Il échoua dans tous ces desseins : Henri de Navarre défit entièrement à Coutras cette armée si redoutable, et Guise remporta la victoire sur les Allemands.

Le Navarrois ne se servit de sa victoire que pour offrir une paix sûre au royaume, et son secours au roi. Mais, quoique vainqueur, il se vit refusé, le roi craignant plus ses propres sujets que ce prince.

Guise retourna victorieux à Paris, et y fut reçu comme le sauveur de la nation. Son parti devint plus audacieux, et le roi plus méprisé ; en sorte que Guise semblait plutôt avoir triomphé du roi que des Allemands.

Le roi, sollicité de toutes parts, sortit, mais trop tard, de sa profonde léthargie. Il essaya d'abattre la Ligue : il voulut s'assurer de quelques bourgeois les plus séditieux : il osa défendre à Guise l'entrée de Paris ; mais il éprouva à ses dépens ce que c'est que de commander sans pouvoir. Guise, au mépris de ses ordres, vint à Paris ; les bourgeois prirent les armes ; les gardes du roi furent arrêtés, et lui-même fut emprisonné dans son palais.

Rarement les hommes sont assez bons ou assez méchants. Si Guise avait entrepris dans ce jour sur la liberté ou la vie du roi, il aurait été le maître de la France ; mais il le laissa échapper après l'avoir assiégé, et en fit ainsi trop ou trop peu.

Henri III s'enfuit à Blois, où il convoqua les états généraux du royaume. Ces états ressemblaient au parlement de la Grande-Bretagne, quant à leur convocation ; mais leurs opérations étaient différentes. Comme ils étaient rarement assemblés, ils n'avaient point de règles pour se conduire : c'était en général une assemblée de gens incapables, faute d'expérience, de savoir prendre de justes mesures ; ce qui formait une véritable confusion.

Guise, après avoir chassé son souverain de sa capitale, osa venir le braver à Blois, en présence d'un corps qui représentait la nation. Henri et lui se réconcilièrent solennellement ; ils allèrent ensemble au même autel ; ils y communièrent ensemble. L'un promit par serment d'oublier toutes les injures passées, l'autre d'être obéissant et fidèle à l'avenir ; mais dans le même temps le roi projetait de faire mourir Guise, et Guise de faire détrôner le roi.

Guise avait été suffisamment averti de se défier de Henri ; mais il le méprisait trop pour le croire assez hardi d'entreprendre un assassinat. Il fut la dupe de sa sécurité ; le roi avait résolu de se venger de lui et de son frère le cardinal de Guise, le compagnon de ses ambitieux desseins, et le plus hardi promoteur de la Ligue. Le roi fit lui-même provision de poignards, qu'il distribua à quelques Gascons qui s'étaient offerts d'être les ministres de la vengeance. Ils tuèrent Guise dans le cabinet du roi[16] ; mais ces mêmes hommes qui avaient tué le duc ne voulurent point tremper leurs mains dans le sang de son frère, parce qu'il était prêtre et cardinal ; comme si la vie d'un homme qui porte une robe longue et un rabat était plus sacrée que celle d'un homme qui porte un habit court et une épée !

Le roi trouva quatre soldats, qui, au rapport du jésuite Maimbourg, n'étant pas si scrupuleux que les Gascons, tuèrent le cardinal pour cent écus chacun. Ce fut sous l'appartement de Catherine de Médicis que les deux frères furent tués ; mais elle ignorait parfaitement le dessein de son fils, n'ayant plus alors la confiance d'aucun parti, et étant même abandonnée par le roi.

Si une telle vengeance eût été revêtue des formalités de la loi, qui sont les instruments naturels de la justice des rois, ou le voile naturel de leur iniquité, la Ligue en eût été épouvantée ; mais, manquant de cette forme solennelle, cette action fut regardée comme un affreux assassinat, et ne fit qu'irriter le parti. Le sang des Guises fortifia la Ligue, comme la mort de Coligny avait fortifié les protestants. Plusieurs villes de France se révoltèrent ouvertement contre le roi.

Il vint d'abord à Paris ; mais il en trouva les portes fermées, et tous les habitants sous les armes.

Le fameux duc de Mayenne, cadet du feu duc de Guise, était alors dans Paris. Il avait été éclipsé par la gloire de Guise pendant sa vie ; mais, après sa mort, le roi le trouva aussi dangereux ennemi que son frère : il avait toutes ses grandes qualités, auxquelles il ne manqua que l'éclat et le lustre.

Le parti des Lorrains était très-nombreux dans Paris. Le grand nom de Guise, leur magnificence, leur libéralité, leur zèle apparent pour la religion catholique, les avaient rendus les délices de la ville. Prêtres, bourgeois, femmes, magistrats, tout se ligua fortement avec Mayenne pour poursuivre une vengeance qui leur paraissait légitime.

La veuve du duc présenta une requête au parlement contre les meurtriers de son mari. Le procès commença suivant le cours ordinaire de la justice ; deux conseillers furent nommés pour informer des circonstances du crime ; mais le parlement n'alla pas loin, les principaux étant singulièrement attachés aux intérêts du roi.

La Sorbonne ne suivit point cet exemple de modération : soixante et dix docteurs publièrent un écrit par lequel ils déclarèrent Henri de Valois déchu de son droit à la couronne, et ses sujets dispensés du serment de fidélité.

Mais l'autorité royale n'avait pas d'ennemis plus dangereux que ces bourgeois de Paris nommés les Seize, non à cause de leur nombre, puisqu'ils étaient quarante, mais à cause des seize quartiers de Paris, dont ils s'étaient partagé le gouvernement. Le plus considérable de tous ces bourgeois était un certain Le Clerc, qui avait usurpé le grand nom de Bussi. C'était un citoyen hardi, et un méchant soldat, comme tous ses compagnons. Ces Seize avaient acquis une autorité absolue, et devinrent dans la suite aussi insupportables à Mayenne qu'ils avaient été terribles au roi.

D'ailleurs les prêtres, qui ont toujours été les trompettes de toutes les révolutions, tonnaient en chaire, et assuraient de la part de Dieu que celui qui tuerait le tyran entrerait infailliblement en paradis. Les noms sacrés et dangereux de Jéhu et de Judith, et tous ces assassinats consacrés par l'Écriture sainte, frappaient partout les oreilles de la nation. Dans cette affreuse extrémité, le roi fut enfin forcé d'implorer le secours de ce même Navarrois qu'il avait autrefois refusé. Ce prince fut plus sensible à la gloire de protéger son beau-frère et son roi qu'à la victoire qu'il avait remportée sur lui.

Il mena son armée au roi ; mais avant que ses troupes fussent arrivées, il vint le trouver, accompagné d'un seul page. Le roi fut étonné de ce trait de générosité, dont il n'avait pas été lui-même capable. Les deux rois marchèrent vers Paris à la tête d'une puissante armée, La ville n'était point en état de se défendre. La Ligue touchait au moment de sa ruine entière, lorsqu'un jeune religieux de l'ordre de saint Dominique changea toute la face des affaires.

Son nom était Jacques Clément ; il était né dans un village de Bourgogne, appelé Sorbonne[17] et alors âgé de vingt-quatre ans. Sa farouche piété, et son esprit noir et mélancolique, se laissèrent bientôt entraîner au fanatisme par les importunes clameurs des prêtres. Il se chargea d'être le libérateur et le martyr de la sainte Ligue. Il communiqua son projet à ses amis et à ses supérieurs : tous l'encouragèrent et le canonisèrent d'avance. Clément se prépara à son parricide par des jeûnes et par des prières continuelles pendant des nuits entières. Il se confessa, reçut les sacrements, puis acheta un bon couteau. Il alla à Saint-Cloud, où était le quartier du roi, et demanda à être présenté à ce prince, sous prétexte de lui révéler un secret dont il lui importait d'être promptement instruit. Ayant été conduit devant Sa Majesté, il se prosterna avec une modeste rougeur sur le front, et il lui remit une lettre qu'il disait être écrite par Achille de Harlay, premier président. Tandis que le roi lit, le moine le frappe dans le ventre, et laisse le couteau dans la plaie ; ensuite, avec un regard assuré, et les mains sur sa poitrine, il lève les yeux au ciel, attendant paisiblement les suites de son assassinat. Le roi se lève, arrache le couteau de son ventre, et en frappe le meurtrier au front. Plusieurs courtisans accoururent au bruit. Leur devoir exigeait qu'ils arrêtassent le moine pour l'interroger, et tâcher de découvrir ses complices ; mais ils le tuèrent sur-le-champ, avec une précipitation qui les fit soupçonner d'avoir été trop instruits de son dessein. Henri de Navarre fut alors roi de France par le droit de sa naissance, reconnu d'une partie de l'armée, et abandonné par l'autre.

Le duc d'Épernon, et quelques autres, quittèrent l'armée, alléguant qu'ils étaient trop bons catholiques pour prendre les armes en faveur d'un roi qui n'allait point à la messe. Ils espéraient secrètement que le renversement du royaume, l'objet de leurs désirs et de leur espérance, leur donnerait occasion de se rendre souverains dans leur pays.

Cependant l'attentat de Clément fut approuvé à Rome, et ce moine adoré dans Paris. La sainte Ligue reconnut pour son roi le cardinal de Bourbon, vieux prêtre, oncle de Henri IV, pour faire voir au monde que ce n'était pas la maison de Bourbon, mais les hérétiques, que sa haine poursuivait.

Ainsi le duc de Mayenne fut assez sage pour ne pas usurper le titre de roi ; et cependant il s'empara de toute l'autorité royale, pendant que le malheureux cardinal de Bourbon, appelé roi par la Ligue, fut gardé prisonnier par Henri IV le reste de sa vie, qui dura encore deux ans. La Ligue, plus appuyée que jamais par le pape, secourue des Espagnols, et forte par elle-même, était parvenue au plus haut point de sa grandeur, et faisait sentir à Henri IV cette haine que le faux zèle inspire, et ce mépris que font naître les heureux succès.

Henri avait peu d'amis, peu de places importantes, point d'argent, et une petite armée ; mais son courage, son activité, sa politique, suppléaient à tout ce qui lui manquait. Il gagna plusieurs batailles, et entre autres celle d'Ivry sur le duc de Mayenne, une des plus remarquables qui aient jamais été données. Les deux généraux montrèrent dans ce jour toute leur capacité, et les soldats tout leur courage. Il y eut peu de fautes commises de part et d'autre. Henri fut enfin redevable de la victoire à la supériorité de ses connaissances et de sa valeur : mais il avoua que Mayenne avait rempli tous les devoirs d'un grand général : « Il n'a péché, dit-il, que dans la cause qu'il soutenait. »

Il se montra après la victoire aussi modéré qu'il avait été terrible dans le combat. Instruit que le pouvoir diminue souvent quand on en fait un usage trop étendu, et qu'il augmente en l'employant avec ménagement, il mit un frein à la fureur du soldat armé contre l'ennemi ; il eut soin des blessés, et donna la liberté à plusieurs personnes. Cependant tant de valeur et tant de générosité ne touchèrent point les ligueurs.

Les guerres civiles de France étaient devenues la querelle de toute l'Europe. Le roi Philippe II était vivement engagé à défendre la Ligue : la reine Élisabeth donnait toutes sortes de secours à Henri, non parce qu'il était protestant, mais parce qu'il était ennemi de Philippe II, dont il lui était dangereux de laisser croître le pouvoir. Elle envoya à Henri cinq mille hommes, sous le commandement du comte d'Essex, son favori, auquel elle fit depuis trancher la tête.

Le roi continua la guerre avec différents succès. Il prit d'assaut tous les faubourgs de Paris dans un seul jour. Il eût peut-être pris de même la ville s'il n'eût pensé qu'à la conquérir ; mais il craignit de donner sa capitale en proie aux soldats, et de ruiner une ville qu'il avait envie de sauver. Il assiégea Paris ; il leva le siége, il le recommença ; enfin il bloqua la ville, et lui coupa toutes les communications, dans l'espérance que les Parisiens seraient forcés, par la disette des vivres, à se rendre sans effusion de sang.

Mais Mayenne, les prêtres, et les Seize, tournèrent les esprits avec tant d'art, les envenimèrent si fort contre les hérétiques, et remplirent leur imagination de tant de fanatisme, qu'ils aimèrent mieux mourir de faim que de se rendre et d'obéir.

Les moines et les religieux donnèrent un spectacle qui, bien que ridicule en lui-même, fut cependant un ressort merveilleux pour animer le peuple. Ils firent une espèce de revue militaire, marchant par rang et de file, et portant des armes rouillées par-dessus leurs capuchons, ayant à leur tête la figure de la vierge Marie, branlant des épées, et criant qu'ils étaient tout prêts à combattre et à mourir pour la défense de la foi ; en sorte que les bourgeois, voyant leurs confesseurs armés, croyaient effectivement soutenir la cause de Dieu.

Quoi qu'il en soit, la disette dégénéra en famine universelle : ce nombre prodigieux de citoyens n'avait d'autre nourriture que les sermons des prêtres et que les miracles imaginaires des moines, qui, par ce pieux artifice, avaient dans leurs couvents toutes choses en abondance, tandis que toute la ville était sur le point de mourir de faim. Les misérables Parisiens, trompés d'abord par l'espérance d'un prompt secours, chantaient dans les rues des ballades et des lampons contre Henri : folie qu'on ne pourrait attribuer à quelque autre nation avec vraisemblance, mais qui est assez conforme au génie des Français, même dans un état si affreux. Cette courte et déplorable joie fut bientôt entièrement étouffée par la misère la plus réelle et la plus étonnante : trente mille hommes moururent de faim dans l'espace d'un mois. Les malheureux citoyens, pressés par la famine, essayèrent de faire une espèce de pain avec les os des morts, lesquels étant brisés et bouillis formaient une sorte de gelée ; mais cette nourriture si peu naturelle ne servait qu'à les faire mourir plus promptement. On conte (et cela est attesté par les témoignages les plus authentiques) qu'une femme tua et mangea son propre enfant[18]. Au reste, l'inflexible opiniâtreté des Parisiens était égale à leur misère. Henri eut plus de compassion pour leur état qu'ils n'en avaient eux-mêmes : son bon naturel l'emporta sur son intérêt particulier.

Il souffrit que ses soldats vendissent en particulier toutes sortes de provisions à la ville. Ainsi on vit arriver ce qu'on n'avait pas encore vu, que les assiégés étaient nourris par les assiégeants : c'était un spectacle bien singulier que de voir les soldats qui, du fond de leurs tranchées, envoyaient des vivres aux citoyens, qui leur jetaient de l'argent de leurs remparts. Plusieurs officiers, entraînés par la licence si ordinaire à la soldatesque, troquaient un aloyau pour une fille ; en sorte qu'on ne voyait que femmes qui descendaient dans des baquets, et des baquets qui remontaient pleins de provisions. Par là une licence hors de saison régna parmi les officiers ; les soldats amassèrent beaucoup d'argent : les assiégés furent soulagés, et le roi perdit la ville ; car dans le même temps une armée d'Espagnols vint des Pays-Bas. Le roi fut obligé de lever le siège, et d'aller à sa rencontre au travers de tous les dangers et de tous les hasards de la guerre, jusqu'à ce qu'enfin les Espagnols ayant été chassés du royaume, il revint une troisième fois devant Paris, qui était toujours plus opiniâtre à ne point le recevoir.

Sur ces entrefaites, le cardinal de Bourbon, ce fantôme de la royauté, mourut[19]. On tint une assemblée à Paris, qui nomma les états généraux du royaume pour procéder à l'élection d'un nouveau roi. L'Espagne influait fortement sur ces états : Mayenne avait un parti considérable qui voulait le mettre sur le trône. Enfin Henri, ennuyé de la cruelle nécessité de faire éternellement la guerre à ses sujets, et sachant d'ailleurs que ce n'était pas sa personne, mais sa religion qu'ils haïssaient, résolut de rentrer au giron de l'Église romaine. Peu de semaines après, Paris lui ouvrit ses portes. Ce qui avait été impossible à sa valeur et à sa magnanimité, il l'obtint facilement en allant à la messe, et en recevant l'absolution du pape.

> Tout le peuple, changé dans ce jour salutaire,
> Reconnaît son vrai roi, son vainqueur, et son père.
> Dès lors on admira ce règne fortuné.
> Et commencé trop tard, et trop tôt terminé.
> L'Autrichien trembla. Justement désarmée,
> Rome adopta Bourbon, Rome s'en vit aimée.
> La Discorde rentra dans l'éternelle nuit.
> À reconnaître un roi Mayenne fut réduit ;
> Et, soumettant enfin son cœur et ses provinces.
> Fut le meilleur sujet du plus juste des princes.
>
> *Henriade*, fin du dernier chant.

DISSERTATION

SUR LA MORT DE HENRI IV[20]

Le plus horrible accident qui soit jamais arrivé en Europe a produit les plus odieuses conjectures. Presque tous les mémoires du temps de la mort de Henri IV jettent également des soupçons sur les ennemis de ce bon roi, sur les courtisans, sur les jésuites, sur sa maîtresse, sur sa femme même. Ces accusations durent encore, et on ne parle jamais de cet assassinat sans former un jugement téméraire. J'ai toujours été étonné de cette facilité malheureuse avec laquelle les hommes les plus incapables d'une méchante action aiment à imputer les crimes les plus affreux aux hommes d'État, aux hommes en place. On veut se venger de leur grandeur en les accusant ; on veut se faire valoir en racontant des anecdotes étranges. Il en est de la conversation comme d'un spectacle, comme d'une tragédie, dans laquelle il faut attacher par de grandes passions et par de grands crimes.

Des voleurs assassinent Vergier dans la rue ; tout Paris accuse de ce meurtre un grand prince[21]. Une rougeole pourprée enlève des personnes considérables, il faut qu'elles aient été toutes empoisonnées. L'absurdité de l'accusation[22], le défaut total de preuves, rien n'arrête ; et la calomnie, passant de bouche en bouche, et bientôt de livre en livre, devient une vérité importante aux yeux de la postérité toujours crédule. Depuis que je m'applique à l'histoire, je ne cesse de m'indigner contre ces accusations sans preuves, dont les historiens se plaisent à noircir leurs ouvrages.

La mère de Henri IV mourut d'une pleurésie ; combien d'auteurs la font empoisonner par un marchand de gants qui lui vendit des gants parfumés, et qui était, dit-on, l'empoisonneur à brevet de Catherine de Médicis[23] ! On ne s'avise guère de douter que le pape Alexandre VI ne soit mort du poison qu'il avait préparé pour le cardinal Corneto, et pour quelques autres cardinaux dont il voulait, dit-on, être l'héritier. Guichardin, auteur contemporain, auteur respecté, dit qu'on imputait la mort de ce pontife à ce crime, et à ce châtiment du crime ; il ne dit pas que le pape fût un empoisonneur, il le laisse entendre, et l'Europe ne l'a que trop bien entendu.

Et moi j'ose dire à Guichardin : « L'Europe est trompée par vous, et vous l'avez été par votre passion. Vous étiez l'ennemi du pape ; vous avez trop cru votre haine et les actions de sa vie. Il avait, à la vérité, exercé des vengeances cruelles et perfides contre des ennemis aussi perfides et aussi cruels que lui ; de là vous concluez qu'un pape de soixante-douze ans n'est pas mort d'une façon naturelle ; vous prétendez, sur des rapports vagues, qu'un vieux souverain, dont les coffres étaient remplis alors de plus d'un million de ducats d'or, voulut empoisonner quelques cardinaux pour s'emparer de leur mobilier ; mais ce mobilier était-il un objet si important ? Ces effets étaient presque toujours enlevés par les valets de chambre avant que les papes pussent en saisir quelques dépouilles. Comment pouvez-vous croire qu'un homme prudent ait voulu hasarder, pour un aussi petit gain, une action aussi infâme, une action qui demandait des complices, et qui tôt ou tard eût été découverte ? Ne dois-je pas croire le journal de la maladie du pape, plutôt qu'un bruit populaire ? Ce journal le fait mourir d'une fièvre double-tierce. Il n'y a pas le moindre vestige de cette accusation intentée contre sa mémoire. Son fils Borgia tomba malade dans le temps de la mort de son père ; voilà le seul fondement de l'histoire du poison. Le père et le fils sont malades en même temps, donc ils sont empoisonnés ; ils sont l'un et l'autre de grands politiques, des princes sans scrupule, donc ils sont atteints du poison même qu'ils destinaient à douze cardinaux. C'est ainsi que raisonne l'animosité ; c'est la logique d'un peuple qui déteste son maître : mais ce ne doit pas être celle d'un historien. Il se porte pour juge, il prononce les arrêts de la postérité : il ne doit déclarer personne coupable sans des preuves évidentes. »

Ce que je dis de Guichardin, je le dirai des *Mémoires de Sully* au sujet de la mort de Henri IV. Ces Mémoires furent composés par des secrétaires du duc de Sully, alors disgracié par Marie de Médicis ; on y laisse échapper quelques soupçons sur cette princesse, que la mort de Henri IV faisait maîtresse du royaume, et sur le duc d'Épernon, qui servit à la faire déclarer régente. Mézeray, plus hardi que judicieux, fortifie ces soupçons ; et celui qui vient de faire imprimer le sixième tome des *Mémoires de Condé*[24] fait ses efforts pour donner au misérable Ravaillac les complices les plus respectables. N'y a-t-il donc pas assez de crimes sur la terre ? Faut-il encore en chercher où il n'y en a point ?

On accuse à la fois le P. Alagona, jésuite, oncle du duc de Lerme, tout le conseil espagnol, la reine Marie de Médicis, la maîtresse de Henri IV, madame de Verneuil, et le duc d'Épernon. Choisissez donc. Si la maîtresse est coupable, il n'y a pas d'apparence que l'épouse le soit ; si le conseil d'Espagne a mis dans Naples le couteau à la main de Ravaillac, ce n'est donc pas le duc d'Épernon qui l'a séduit dans Paris, lui que Ravaillac appelait *catholique à gros grain*, comme il est prouvé au procès[25] ; lui qui n'avait jamais fait que des actions généreuses ; lui qui d'ailleurs empêcha qu'on ne tuât Ravaillac à l'instant qu'on le reconnut tenant son couteau sanglant, et qui voulait qu'on le réservât à la question et au supplice.

Il y a des preuves, dit Mézeray, que des prêtres avaient mené Ravaillac jusqu'à Naples : je réponds qu'il n'y a aucune preuve. Consultez le procès criminel de ce monstre, vous y trouverez tout le contraire. Je ne sais quelles dépositions vagues d'un nommé Dujardin et d'une Descomans ne sont pas des allégations à opposer aux aveux que fit Ravaillac dans les tortures. Rien n'est plus simple, plus ingénu, moins embarrassé, moins inconstant, rien par conséquent de plus vrai que toutes ses réponses. Quel intérêt aurait-il eu à cacher les noms de ceux qui l'auraient abusé ? Je conçois bien qu'un scélérat associé à d'autres scélérats cèle d'abord ses complices. Les brigands s'en font un point d'honneur ; car il y a de ce qu'on appelle *honneur* jusque dans le crime : cependant ils avouent tout à la fin. Comment donc un jeune homme qu'on aurait séduit, un fanatique à qui on aurait fait accroire qu'il serait protégé, ne décèlerait-il pas ses séducteurs ? Comment, dans l'horreur des tortures, n'accuserait-il pas les imposteurs qui l'ont rendu le plus malheureux des hommes ? N'est-ce pas là le premier mouvement du cœur humain ?

Ravaillac persiste toujours à dire dans ses interrogatoires : « J'ai cru bien faire en tuant un roi qui voulait faire la guerre au pape ; j'ai eu des visions, des révélations ; j'ai cru servir Dieu : je reconnais que je me suis tronqué, et que je suis coupable d'un crime horrible ; je n'y ai jamais été excité par personne. » Voilà la substance de toutes ses réponses. Il avoue que le jour de l'assassinat il avait été dévotement à la messe ; il avoue qu'il avait voulu plusieurs fois parler au roi, pour le détourner de faire la guerre en faveur des princes hérétiques ; il avoue que le dessein de tuer le roi l'a déjà tenté deux fois, qu'il y a résisté, qu'il a quitté Paris pour se rendre le crime impossible, qu'il y est retourné vaincu par son fanatisme. Il signe l'un de ses interrogatoires *François Ravaillac :*

Qui ne reconnaît, qui ne voit, à ces deux vers dont il accompagna sa signature, un malheureux dévot dont le cerveau égaré était empoisonné de tous les venins de la Ligue ?

Ses complices étaient la superstition et la fureur qui animèrent Jean Chastel, Pierre Barrière, Jacques Clément. C'était l'esprit de Poltrot qui assassina le duc de Guise ; c'étaient les maximes de Balthazar Gérard, assassin du grand prince d'Orange. Ravaillac avait été feuillant ; et il suffisait alors d'avoir été moine pour croire que c'était une œuvre méritoire de tuer un prince ennemi de la religion catholique. On s'étonne qu'on ait attenté plusieurs fois sur la vie de Henri IV, le meilleur des rois ; on devrait s'étonner que les assassins n'aient pas été en plus grand nombre. Chaque superstitieux avait continuellement devant les yeux Aod assassinant le roi des Philistins ; Judith se prostituant à Holopherne pour l'égorger dormant entre ses bras ; Samuel coupant par morceaux un roi prisonnier de guerre, envers qui Saül n'osait violer le droit des nations. Rien n'avertissait alors que ces cas particuliers étaient des exceptions, des inspirations, des ordres exprès, qui ne tiraient point à conséquence ; on les prenait pour la loi générale. Tout encourageait à la démence, tout consacrait le parricide. Il me paraît enfin bien prouvé, par l'esprit de superstition, de fureur, et d'ignorance, qui dominait, par la connaissance du cœur humain, et par les interrogatoires de

Ravaillac, qu'il n'eut aucun complice. Il faut surtout s'en tenir à ces confessions faites à la mort devant des juges. Ces confessions prouvent expressément que Jean Chastel avait commis son parricide dans l'espérance d'être moins damné, et Ravaillac, dans l'espérance d'être sauvé.

Il le faut avouer, ces monstres étaient fervents dans la foi. Ravaillac se recommande en pleurant à saint François son patron et à tous les saints ; il se confesse avant de recevoir la question ; il charge deux docteurs auxquels il s'est confessé d'assurer le greffier que jamais il n'a parlé à personne du dessein de tuer le roi ; il avoue seulement qu'il a parlé au P. d'Aubigny, jésuite, de quelques visions qu'il a eues, et le P. d'Aubigny dit très-prudemment qu'il ne s'en souvient pas ; enfin le criminel jure jusqu'au dernier moment, sur sa damnation éternelle, qu'il est seul coupable, et il le jure plein de repentir. Sont-ce là des raisons ? Sont-ce là des preuves suffisantes ?

Cependant l'éditeur du sixième tome des *Mémoires de Condé* insiste encore ; il recherche un passage des *Mémoires de L'Estoile* dans lequel on fait dire à Ravaillac, dans la place de l'exécution : « On m'a bien trompé quand on m'a voulu persuader que le coup que je ferais serait bien reçu du peuple, puisqu'il fournit lui-même des chevaux pour me déchirer. » Premièrement, ces paroles ne sont point rapportées dans le procès-verbal de l'exécution ; secondement, il est vrai peut-être que Ravaillac dit ou voulut dire : « On m'a bien trompé quand on me disait : Le roi est haï, on se réjouira de sa mort. » Il voyait le contraire, et les regrets du peuple ; il se voyait l'objet de l'horreur publique. Il pouvait bien dire : « On m'a trompé. » En effet, s'il n'avait jamais entendu justifier dans les conversations le crime de Jean Chastel, s'il n'avait pas eu les oreilles rebattues des maximes fanatiques de la Ligue, il n'eût jamais commis ce parricide. Voilà l'unique sens de ces paroles. Mais les a-t-il prononcées ? Qui l'a dit à M. de L'Estoile ? Un bruit de ville qu'il rapporte prévaudra-t-il sur un procès-verbal ? Dois-je en croire ce L'Estoile, qui écrivait le soir tous les contes populaires qu'il avait entendus le jour ? Défions-nous de tous ces journaux qui sont des recueils de tout ce que la renommée débite.

Je lus, il y a quelques années, dix-huit tomes in-folio des *Mémoires* du feu marquis de Dangeau : j'y trouvai ces propres paroles : « La reine d'Espagne, Marie-Louise d'Orléans, est morte empoisonnée par le marquis de Mansfeld ; le poison avait été mis dans une tourte d'anguilles ; la comtesse de Pernits, qui mangea la desserte de la reine, en est morte aussi ; trois cameristes en ont été malades. Le roi l'a dit ce soir à son petit couvert. » Qui ne croirait un tel fait, circonstancié, appuyé du témoignage de Louis XIV, et rapporté par un courtisan de ce monarque, par un homme d'honneur qui avait soin de recueillir toutes les anecdotes ? Cependant il est très-faux que la comtesse de Pernits soit morte alors ; il est tout aussi faux qu'il y ait eu trois cameristes malades, et non moins faux que Louis XIV ait prononcé des paroles aussi indiscrètes. Ce n'était point M. de Dangeau qui faisait ces malheureux mémoires, c'était un vieux valet de chambre imbécile, qui se mêlait de faire à tort et à travers des gazettes manuscrites de toutes les sottises qu'il entendait dans les antichambres. Je suppose cependant que ces mémoires tombassent dans cent ans entre les mains de quelque compilateur : que de calomnies alors sous presse ! que de mensonges répétés dans tous les journaux ! Il faut tout lire avec défiance. Aristote avait bien raison quand il disait que le doute est le commencement de la sagesse[26].

EXTRAIT

DU PROCÈS CRIMINEL FAIT À FRANÇOIS RAVAILLAC.

Interrogatoire du 19 mai 1610.

A dit qu'il n'a jamais reçu aucun outrage du roi, et que la cour a assez d'arguments suffisants par les interrogatoires et réponses au procès ; qu'il n'y a nulle apparence qu'il y ait été induit par argent, ou suscité par gens ambitieux du sceptre de France ; car si tant est qu'il eût été porté par argent ou autrement, il semble qu'il ne fût pas venu jusqu'à trois fois et à trois voyages exprès d'Angoulême à Paris, distants l'un de l'autre de cent lieues, pour donner conseil au roi de ranger à l'Église catholique et romaine ceux de la Religion prétendue réformée, gens du tout contraires à la volonté de Dieu et de son Église, parce que qui a volonté de tuer autrui par argent, dès qu'il se laisse malheureusement corrompre par avarice pour assassiner son prince, ne va pas l'avertir comme il a fait trois diverses fois, ainsi que le sieur de La Force a reconnu, depuis l'homicide commis par l'accusé, avoir été dans le Louvre, et prié instamment de le faire parler au roi, à quoi ledit sieur de La Force aurait répondu qu'il était un papault et un catholique à gros grains, lui demandant s'il connaissait M. d'Épernon ; et l'accusé lui répondit que oui, et qu'il était catholique à gros grains : et ayant dit au sieur de La Force qu'étant catholique, apostolique et romain, et voulant tel vivre et mourir, il le suppliait de vouloir le faire parler au roi, afin de déclarer à Sa Majesté l'intention où il était depuis si longtemps de le tuer, n'osant le déclarer à aucun autre, parce que l'ayant dit à Sa Majesté, il se serait désisté tout à fait de cette mauvaise volonté.

Enquis si dès lors qu'il fit ses voyages pour parler au roi et lui conseiller de faire la guerre à ceux de la Religion prétendue réformée, il avait projeté, au cas que Sa Majesté ne voulût accorder ce dont l'accusé la suppliait, de faire le malheureux acte qu'il a commis ;

A dit que non, et que s'il l'avait projeté, s'en était désisté, et avait cru qu'il était expédient de lui faire cette remontrance plutôt que de le tuer.

Remontré qu'il n'avait point changé sa mauvaise intention, parce que depuis le dernier voyage qu'il a fait à Angoulême le jour de Pâques, il n'a cherché les moyens de parler au roi. ce qui démontre assez qu'il était parti en cette résolution de faire ce qu'il a fait ;

A dit qu'il est véritable.

Enquis si le jour de Pâques et de son départ il fit la sainte communion ;

A dit que non, et l'avait faite le premier dimanche de carême ; mais néanmoins qu'il fit célébrer le sacrifice de la sainte messe en l'église Saint-Paul d'Angoulême, sa paroisse, comme se reconnaissant indigne d'approcher de ce très-saint et très-auguste sacrement, plein de mystère et d'incompréhensible vertu, parce qu'il se sentait encore vexé de cette tentation de tuer le roi, et en tel état ne voulait s'approcher du précieux corps de son Dieu.

Enquis s'il ne les a pas fait venir (les démons) dans la chambre où était couché ledit Dubois ;

A dit que non ; qu'il est bien vrai que lui accusé, étant couché dans un grenier au-dessus de la chambre dudit Dubois, dans lequel grenier étaient aussi couchées d'autres personnes, il entendit à l'heure de minuit ledit Dubois qui le priait de descendre dans sa chambre, s'exclamant avec grands cris : « Ravaillac, mon ami, descends en bas, je suis mort ; mon Dieu, ayez pitié de moi ! » Alors l'accusé voulut descendre ; mais il en fut empêché par ceux qui étaient avec lui, pour la crainte qu'ils avaient ; de sorte qu'il ne descendit point, et le lendemain il demanda audit Dubois qui l'avait mû de crier ainsi ; à quoi il lui fit réponse qu'il avait vu dans sa chambre un chien noir d'une excessive grosseur et fort effroyable, lequel s'était mis les deux pieds de devant sur son lit ; de quoi il avait eu telle peur qu'il en avait pensé mourir, et avait appelé l'accusé à son secours ; à quoi l'accusé fit réponse que, pour renverser ces horribles visions, il devait avoir recours à la célébration du Saint Sacrement de l'autel ; et furent à cet effet au couvent des cordeliers faire dire la messe, pour attirer la grâce de Dieu et le préserver des visions de Satan, ennemi commun des hommes.

Remontré qu'il y a apparence que c'était lui qui avait fait paraître ce chien ;

A dit que non, et de peur que nous n'ajoutions pas de foi à ses réponses, cette vérité serait attestée par ceux qui étaient dans la chambre où il était couché, qui l'empêchèrent de descendre, qui étaient l'hôtesse de la maison et une sienne cousine, qui le prièrent de n'y point aller à cause qu'elles avaient entendu un grand bruit dans la chambre.

Remontré qu'il n'a point eu volonté de changer son malheureux dessein, ne voulant recevoir la communion le jour de Pâques, parce que c'était le moyen de s'en divertir, duquel moyen n'ayant usé, et s'étant ainsi éloigné de la sainte communion, il a continué en sa mauvaise entreprise ;

A dit que ce qui l'empêcha de communier fut qu'il avait pris cette résolution le jour de Pâques de venir tuer le roi ; mais aurait ouï la sainte messe auparavant de partir, croyant que la communion réelle de sa mère était suffisante pour elle et pour lui.

Remontré que lui ayant cette mauvaise intention de commettre cet acte, il était en péché et en danger de damnation, ne pouvant participer à la grâce de Dieu et communion des fidèles chrétiens pendant qu'il avait cette mauvaise volonté, dont se devait départir pour être en la grâce de Dieu ;

A dit qu'il ne fait pas de difficulté de convenir qu'il n'ait été porté d'un propre mouvement et particulier, contraire à la volonté de Dieu, auteur de tout bien et vérité, contraire au diable, père du mensonge ; mais que maintenant, à la remontrance que lui faisons, il reconnaît qu'il n'a pu résister à cette tentation, étant hors du pouvoir des hommes de s'empêcher de mal ; et qu'à présent il a déclaré la vérité entière sans rien retenir et cacher ; il espérait que Dieu tout bénin et miséricordieux lui fera pardon et rémission de ses péchés, étant plus puissant pour dissoudre le péché, moyennant la confession et absolution sacerdotale, que les hommes pour l'offenser ; priant la sacrée Vierge, saint Pierre, saint Paul, saint François (en pleurant), saint Bernard, et toute la cour céleste de paradis, requiert être ses avocats envers sa sacrée majesté, afin qu'elle impose sa croix entre la mort et jugement de son âme et l'enfer. Par ainsi requiert et espère être participant des mérites de la passion de notre Sauveur Jésus-Christ, le suppliant bien humblement lui faire la grâce d'être associé aux mérites de tous les trésors qu'il a infus en la puissance apostolique, lorsqu'il a dit : *Tu es Petrus,* etc.

EXTRAIT

DU PROCÈS-VERBAL DE LA QUESTION.

Arrêt de mort prononcé par le greffier, qui l'a prévenu (Fr. Ravaillac) que, pour révélation de ses complices, sera appliqué à la question ; et, le serment de lui pris, a été exhorté de prévenir le tourment, et s'en rédimer par la reconnaissance de la vérité, qui l'avait induit, persuadé et fortifié à ce méchant acte, à qui il en avait communiqué et conféré ;

A dit que, par la damnation de son âme, il n'y a eu homme, femme, ni autre que lui qui l'ait su. Appliqué à la question, a persisté, etc...

ÉTAT DES RECHERCHES HISTORIQUES.
(1877.)

Les recherches, plus approfondies depuis Voltaire, n'ont fait que confirmer son jugement. Qu'est-ce que Ravaillac ? D'où vient ce sombre personnage qui, d'un coup de couteau, osa mettre fin au règne le plus réparateur et le plus fécond peut-être qu'il y ait dans l'histoire moderne ? Car, il n'y a pas à le méconnaître, quoique Henri IV n'eût qu'ébauché son œuvre, la France, à sa mort, diffère complètement de ce qu'elle était à son avènement au trône. Un grand progrès s'était fait en quelques années dans l'esprit public. Le jour même du crime de Ravaillac, les deux anciens chefs de la Ligue, Mayenne et le jeune duc de Guise, pressèrent la reine de maintenir les édits de pacification. Le dimanche qui suivit, 16 mai 1610, le peuple des faubourgs, le redoutable peuple des Seize, protégea les calvinistes se rendant au prêche à Charenton. Dans la plupart des paroisses et églises de Paris, les curés et docteurs catholiques, dit L'Estoile, prêchèrent l'union et la concorde avec les réformés. Il en fut de même par toute la France. « Les catholiques, continue L'Estoile, dans les villes où ils se trouvaient les plus forts, prenaient les huguenots sous leur protection, comme aussi faisaient les huguenots dans les villes où ils se trouvaient les maîtres. Ils se juraient les uns aux autres une inviolable fidélité et se promettaient un mutuel secours. » Un apaisement sensible s'était opéré, que rendirent plus sensible alors l'impression immense de la perte commune et le sentiment d'un commun péril.

C'était l'idée de tolérance qui s'imposait à la nation. Mais le prince auquel était dû cet important résultat périssait martyr de cette idée. Les grandes nouveautés morales, brisant les anciens courants, heurtant les anciennes passions, tuent presque toujours ceux qui les représentent d'abord. Tout principe rénovateur qui s'introduit dans le monde paye comme une dette de sang.

Des profondeurs de la foule surgit un homme obscur qui proteste par le meurtre contre la tendance générale, contre le mouvement de l'opinion. Qu'est-ce que cet homme encore une fois ? A-t-il derrière lui de nombreux complices ? Est-il l'agent de machinations ténébreuses ? Ou bien son crime est-il tout spontané, tout personnel ? Observons-le attentivement. La réponse se fera d'elle-même.

Dans ces premières années du dix-septième siècle, vivait à Angoulême un pauvre hère, moitié procureur, moitié maître d'école, nommé François Ravaillac. Il était solliciteur de procès, c'est-à-dire à peu près ce qu'on appelle maintenant homme d'affaires ; mais il faisait peu de chose de ce métier. À défaut de procès à solliciter, il apprenait leurs prières à de petits enfants pauvres, dont les parents le payaient en objets de consommation, pain, vin, lard, etc. Né en 1578, ayant donc eu trente ans en 1608, il était grand, robuste, large des épaules. Roux de cheveux et de barbe, d'un roux foncé et noirâtre, il avait une physionomie sinistre. Un meurtre ayant été commis dans la ville, il en fut soupçonné, probablement à cause de cette inquiétante physionomie, et tenu en prison pendant un an, après quoi on l'acquitta. Il fut remis en prison pour dettes, puis relâché. Il menait une existence assez précaire et misérable ; il habitait avec sa mère, qui était séparée de son mari et qui allait à l'aumône. Il partageait les idées les plus exaltées qu'eussent laissées après elles les guerres de religion à peine apaisées.

Il s'était développé pendant la Ligue un certain mysticisme politique, inventé ou réchauffé par les théologiens espagnols afin de favoriser le gouvernement autocratique de Philippe II et ses prétentions à la monarchie universelle, et qui, importé en France, avait dénaturé le caractère national de ce grand mouvement populaire. C'est ce que les auteurs de la *Satire Ménippée* appellent « le faux catholicon d'Espagne ». Parmi ces doctrines se mêlaient de dangereuses discussions sur le régicide. Filles de l'Inquisition espagnole, répandues chez nous à la faveur des dissensions civiles qui agitèrent la dernière moitié du seizième siècle, prêchées au peuple au milieu des soulèvements de la Ligue, ces doctrines troublèrent beaucoup d'esprits, égarèrent des âmes crédules et sombres.

Quoique le pays, sous le règne de Henri IV, échappât de plus en plus à cette influence malsaine et antifrançaise, les fougueuses passions de la période antérieure persistaient dans une minorité intraitable. Toutes les fois que la politique royale se mettait en opposition plus ouverte avec l'ancien esprit de la Ligue, il y avait une recrudescence de ces déclamations dans lesquelles les guerres de religion prolongeaient leur retentissement. Elles entretenaient, dans une partie de la population, une irritation et des plaintes qui pouvaient faire illusion sur les sentiments que le monarque inspirait à la grande masse de la nation et qui éclatèrent à sa mort. Impuissantes à produire aucun mouvement sérieux, elles avaient un danger, c'était d'exalter des imaginations inflammables, d'enfiévrer des esprits maladifs. On en avait eu la preuve trop fréquente pendant ce règne. C'était ce vieux levain de fanatisme qui avait fomenté la plupart des tentatives faites contre la vie du roi. Il allait susciter Ravaillac.

Nul n'était plus disposé que le maître d'école d'Angoulême à tomber dans ces aberrations farouches. C'était un cerveau mal organisé, une imagination troublée, visionnaire. Il raconte, dans son interrogatoire, que, pendant qu'il était en prison pour dettes dans sa ville natale, il eut des visions. Voici en quoi elles consistaient : « Il avait senti le feu de soufre et d'encens, qui démontrait le purgatoire contre l'erreur des hérétiques. » Étant sorti de prison, raconte-t-il encore, un samedi après Noël, ayant de nuit fait sa méditation accoutumée, les mains jointes et les pieds croisés dans son lit, il avait senti sa face et sa bouche couvertes d'une chose qu'il ne put discerner, parce que c'était à l'heure de matines, c'est-à-dire de minuit. « Et, étant en cet état, il eut volonté de chanter les cantiques de David, commençant *Dixit Dominus* jusqu'à la fin du cantique, avec le *Miserere* et le *De Profundis* tout au long. Il lui sembla que, les chantant, il avait à sa bouche une trompette faisant pareil son qu'une trompette à la guerre. Le lendemain matin, s'étant levé et ayant fait sa méditation à genoux, recolligé en Dieu à la manière accoutumée, il s'assit sur une petite chaise devant le foyer ; et puis, s'étant passé un peigne par la tête, voyant que le jour n'était pas encore venu, il aperçut du feu en un tison, acheva de s'habiller, prit un morceau de sarment de vigne, lequel ayant allié avec le tison où était le feu, il mit les deux genoux en terre et se prit à souffler. Il vit incontinent, aux deux côtés de sa face, à droite et à gauche, à la lueur du feu qui sortait par le soufflement, des hosties semblables à celles dont l'on a accoutumé faire la communion aux catholiques en l'église de Dieu, et au-dessous de sa face, au droit de sa bouche, il vit par le côté un rond de la même grandeur que l'hostie que lève le prêtre à la célébration du service divin. » Grand signe de prédestination à des actes mémorables !

Voilà quelle était la force intellectuelle de l'instituteur angoumoisin. L'orgueil acheva d'exalter cette pauvre tête. Il crut avoir des révélations sur les desseins du Très-Haut, et il les écrivit. Quand il voulut se faire moine, entrer dans un couvent de feuillants, il communiqua ces prétendues révélations au prieur. On s'aperçut qu'il avait l'esprit dérangé, et on le renvoya.

Entre croire qu'on a des révélations sur les desseins du Très-Haut et croire qu'on est choisi pour les exécuter, il n'y a qu'un pas à franchir. C'est ainsi que l'idée de mettre à mort un roi qui tolérait et favorisait les hérétiques, au lieu de les exterminer, s'empara du maître d'école et prit bientôt en lui les caractères d'une idée fixe. Avec son instruction tout à fait élémentaire, il se mit à étudier la question de savoir s'il est permis de tuer un tyran ; il consulta les livres de théologie où cette question était traitée. Quand on l'interrogea après son crime, on le trouva au courant de toutes les distinctions et de toutes les subtilités scolastiques auxquelles cette question avait donné lieu, ignorant sur tout le reste.

Sa profession de solliciteur de procès l'avait appelé déjà à Paris. Au temps de Noël 1609, il se mit en route pour cette ville ; il voulait faire taxer ses dépens dans quelque affaire, mais son but était surtout d'avertir et de sommer le roi qu'il eût à soumettre et réduire ceux de la Religion prétendue réformée à l'Église romaine. Il fut quatorze jours à faire le voyage. Arrivé à Paris, il chercha pendant un mois tous les moyens d'avoir accès auprès du roi, annonçant qu'il avait eu des visions pour l'extermination de l'hérésie calviniste. Il s'adressa pour cela à un écuyer de la reine Marguerite, qui lui répondit sans façon qu'il n'avait pas la mine d'un saint personnage ni d'un homme de bien. Il s'adressa au secrétaire de Mme d'Angoulême ; on lui répondit qu'elle était malade. Il se présenta chez le cardinal Duperron, où on le repoussa en lui disant qu'il ferait mieux de s'en retourner à sa maison. Partout sa physionomie égarée et peu rassurante le faisait tenir à l'écart. Il supplia, pressa, conjura La Force, capitaine des gardes, jusqu'à trois reprises, de l'introduire auprès de Sa Majesté ; La Force s'y refusa, l'appelant « papault[27] et catholique à gros grains[28]. » Il l'aurait arrêté s'il n'en avait été empêché par les ordres formels du roi, défendant aucune arrestation pour conspiration ou desseins suspects contre sa personne. Ravaillac était, pendant ce voyage, affublé d'une grande casaque verte qui le faisait remarquer de tout le monde. Ayant un jour rencontré Henri IV qui passait en carrosse près des Innocents, Ravaillac s'élança de la foule « comme un grand diable vert », suivant l'expression d'un témoin, et se précipita en criant : « Sire, au nom de Notre-Seigneur Jésus-Christ et de la sacrée vierge Marie, que je parle à vous ! » Le grand prévôt, qui escortait la voiture, l'éloigna avec sa baguette.

Il était impossible qu'un tel homme fût discret, qu'il ne trahît pas les préoccupations auxquelles il était livré. On le voit, en effet, essayer des demi-confidences. Ainsi, à l'en croire, il se serait abouché avec un père jésuite, nommé d'Aubigny ; il lui montra un jour un petit couteau où il y avait un cœur et une croix, disant, en termes vagues, que le cœur du roi devait être porté à faire la guerre aux hérétiques. Il lui parla aussi de ses visions. Le P. d'Aubigny, raconte Ravaillac, lui fit réponse qu'il croyait que c'étaient plus imaginations que visions, qui procédaient d'avoir le cerveau troublé, comme son visage le démontrait, et lui conseilla de manger de bons potages, retourner en son pays, dire son chapelet et prier Dieu. Il est vrai que, confronté avec Ravaillac après le crime, le P. d'Aubigny déclara ne point le reconnaître et n'avoir conservé aucun souvenir du récit que faisait l'accusé. Celui-ci ne marqua aucune irritation de ce désaveu, fait en termes très-vifs, et persista dans son récit.

Il resta l'espace d'un mois environ à Paris : il y fut réduit à une profonde misère, jusque-là d'implorer une aumône d'un sou à l'issue d'une messe à laquelle il avait assisté dans l'église des Jésuites de la rue Saint-Antoine. Enfin la détresse où il se trouvait l'obligea de reprendre le chemin d'Angoulême à la fin de janvier 1610.

Pendant ce séjour, Ravaillac, quoique la tentation de tuer le roi le poursuivit depuis longtemps, n'avait encore, ainsi qu'il l'affirma ensuite, formé d'autre dessein que de sommer Henri IV, au nom de ses prétendues révélations, de faire la guerre aux huguenots, sans avoir arrêté ce qu'il ferait au cas où le souverain refuserait d'obtempérer à ses avis, qu'il considérait comme des ordres de la Providence. En partant de Paris pour revenir à Angoulême, après s'être convaincu de l'impuissance où il était de parler au roi, la pensée du meurtre avait pris beaucoup plus de consistance dans son esprit.

Il s'efforça cependant de chasser l'idée qui l'obsédait. Il se remit à donner des leçons aux petits enfants. Il se confessa, communia le premier jour de carême. Mais les fausses rumeurs venaient le poursuivre dans sa retraite. Le bruit courut parmi le peuple que les huguenots avaient comploté de massacrer tous les catholiques à la dernière fête de Noël, que le roi avait les preuves de ce complot, et qu'il se refusait à faire justice de ceux qui en étaient les auteurs. Ce bruit de représailles de la Saint-Barthélemy se renouvelait périodiquement, et était toujours accueilli avec la même crédulité. Il frappa vivement l'imagination enfiévrée du maître d'école. De plus, de vagues notions sur les projets de Henri IV circulaient dans les provinces : ces projets mal connus y étaient interprétés par la passion politique ou par l'inquiétude religieuse. On savait que le roi, se préparant à attaquer l'Autriche sur tous les points à la fois, dans les Pays-Bas, en Allemagne, en Espagne, allait, en outre, diriger contre elle une expédition en Italie. Or dans l'Italie était le pape, qui, depuis quarante ans, avait été l'allié des Impériaux, qui occupaient l'Italie presque entière. De ce fait on concluait que le roi de France allait attaquer le pape, quoique le pape Paul V, fatigué des Impériaux, fût de moitié dans les projets de guerre et de conquête de Henri IV en Italie. « Se trouvant à la maison d'un nommé Béliart, dit Ravaillac dans son interrogatoire, ce Béliart dit avoir appris que l'ambassadeur du pape avait déclaré au roi que, s'il faisait la guerre, il l'excommunierait, et que Sa Majesté aurait fait réponse que ses prédécesseurs avaient mis les papes en leur trône et que, s'il l'excommuniait, il l'en déposséderait. »

Ces propos rendirent à Ravaillac toute sa résolution de tuer le roi, « parce que faire la guerre contre le pape, c'est la faire contre Dieu, d'autant que le pape est Dieu et Dieu est le pape ». Lorsque vint l'époque de la communion pascale, il se sentit indigne, sous l'empire de ces sanguinaires pensées, de s'approcher de la sainte table. Il fit toutefois célébrer une messe en l'église Saint-Paul d'Angoulême, sa paroisse ; sa mère y reçut le corps du Sauveur, mais lui s'abstint. Quand on l'interrogea ensuite sur les sentiments qui l'avaient dirigé en cette occasion, il dit « se ressouvenir que l'affection qu'il avait au saint sacrement de l'autel le lui avait fait faire, parce qu'il espérait que sa mère, allant recevoir son Dieu en ce sacrifice qu'il faisait célébrer, il serait participant de sa communion, la croyant, depuis qu'il est au monde, être portée d'une plus religieuse affection envers son Dieu que lui l'accusé ; c'est pourquoi il pria alors Dieu et s'en remit à elle de son devoir, n'osant pas s'accomplir lui-même. » En disant ces paroles, ajoute le greffier, il jeta pleurs et larmes abondantes.

Il partit d'Angoulême le jour de Pâques et vint se loger au faubourg Saint-Jacques ; puis, pour se rapprocher du Louvre, au faubourg Saint-Honoré, à l'enseigne des Trois-Pigeons. Étant entré à l'hôtellerie des Quinze-Vingts, qui était à côté, il fut refusé parce qu'il y avait trop d'hôtes ; mais sur la table il aperçut un couteau. Ce couteau, tranchant des deux côtés par la pointe, lui sembla propre à exécuter sa volonté ; il le prit. Il le garda quinze jours ou trois semaines en un sac en sa pochette. Ayant rompu, à force de le tourmenter, le manche de baleine qui y était, il en fit mettre un autre de corne de cerf par le frère de son hôte, qui était tourneur.

Il se livrait pourtant en lui-même un violent combat. Il ne pouvait se taire sur son horrible projet. Il proposait des doutes, en termes généraux, à des religieux qu'il abordait ; demandant si un homme ayant eu la tentation de tuer le roi, et s'en confessant au pénitencier ou à un prêtre ayant charge d'âmes, celui-ci serait tenu de le dénoncer à la justice. Il interrogeait aussi les soldats, leur demandant, au cas où le roi voudrait faire la guerre au

souverain pontife, s'ils lui obéiraient. Les soldats répondaient qu'ils y

étaient tenus, qu'ils feraient cette guerre-là aussi bien qu'une autre, et que si le roi avait tort, la responsabilité en retomberait sur lui. Tous ces propos expliquent suffisamment les avis qui parvinrent au roi, les bruits qui coururent la ville, auxquels on prêtait peu d'attention avant le crime, mais qui furent ensuite relevés avec soin et qui fortifièrent les soupçons de complot.

Il se désista encore de sa volonté, sortit de Paris, alla jusqu'à Étampes. Pendant qu'il cheminait à la hauteur du jardin de Chanteloup, une charrette marchait devant lui. Dans les angoisses auxquelles il était en proie, frappant la charrette de son couteau, il y rompit la pointe de la longueur d'un pouce. Au faubourg d'Étampes, il aperçut le calvaire, l'*Ecce homo.* Cette vue lui rendit sa résolution. Il entendit répéter de nouveau que le roi allait faire la guerre au pape et transférer le saint-siége à Paris. Il revint sur ses pas, refit sur une pierre la pointe de son couteau, rentra à Paris. Le couronnement de la reine Marie de Médicis allait avoir lieu à Saint-Denis. C'était une garantie, disait-on, qu'en cas d'accident survenant au roi, il n'éclaterait pas de troubles dans le royaume. Comme Ravaillac ne se proposait pas de troubler le royaume, mais prétendait au contraire le délivrer, il attendit que la reine eût été couronnée à Saint-Denis. Le lendemain, vendredi 14 mai, à quatre heures du soir, étant en embuscade dans le Louvre, entre les deux portes, il vit le roi sortir en carrosse, le suivit jusque devant les Innocents, et, au moment où le carrosse était forcé de s'arrêter ou du moins de marcher très-lentement à cause d'un embarras de voitures, il s'élança, passa son bras au-dessus de la roue et donna au roi deux coups de couteau dans le côté gauche.

On sait le deuil immense de la France, la terreur et la fureur du peuple. Tandis que Ravaillac assassinait Henri IV, parce que ce prince allait faire la guerre au pape, Paul V, apprenant cette mort, disait, les yeux pleins de larmes et la voix étouffée par les sanglots : « J'ai perdu mon bon fils aîné, prince grand, magnanime, sage et incomparable, vrai fils de l'Église et affectionné à ce saint-siége. »

On a dit que l'instruction fut écourtée, la condamnation brusquée. M. Poirson, dans le dernier volume de son *Histoire du règne de Henri IV,* fait bonne justice de ces assertions. Achille de Harlay présidait la commission, c'est dire qu'aucune corruption, ni aucune complaisance n'est admissible. On avait affaire à un assassin pris en flagrant délit et avouant son crime. Il n'y avait donc qu'à s'assurer s'il avait des complices. Sa prison, ses interrogatoires, ses tortures, durèrent treize jours. Le peuple exaspéré

réclamait la mort du meurtrier avec une impatience à laquelle il eût été dangereux de résister plus longtemps. Les juges et le greffier, tant pendant le cours de l'instruction qu'après le jugement, lui firent subir dix-sept interrogatoires, le pressant de déclarer les instigateurs ou les confidents de l'attentat. Le président de Harlay le menaça, s'il ne les nommait pas, de faire venir son père et sa mère, qui seraient déchirés sous ses yeux. L'assassin fut troublé par cette menace, mais persista à soutenir qu'il n'avait ni confident, ni complice. On lui fit subir deux fois la question, une première fois extra-légalement à l'hôtel de Retz, au moyen de vis de carabine serrées et avec une telle violence qu'il eut les os des pouces rompus ; une seconde fois à la fin de l'instruction et par l'ordre des juges. On lui mit les brodequins ; trois coins furent enfoncés successivement. Le patient poussa de grands cris, mais ne varia point dans ses déclarations ; il perdit la parole, s'évanouit, resta demi-mort. À chaque période de la torture, on interroge Ravaillac ; ses réponses sont consignées dans le procès-verbal qu'on a publié. Ravaillac répond constamment, au milieu des plus horribles douleurs, que jamais ni Français ni étranger ne lui a conseillé ni persuadé de commettre l'attentat que seul il a résolu et seul il a commis ; et que « s'il avait été induit à ce fait par quelqu'un de France ou de l'étranger, et qu'il fut tant abandonné

de Dieu que de vouloir mourir sans le déclarer, il ne croirait pas être sauvé ni qu'il y eût de paradis pour lui ».

Deux docteurs en Sorbonne, les plus doctes et les plus honnêtes qu'il y eut alors, les docteurs Filsac et Gamaches, ne le quittèrent pas dans l'intervalle de plusieurs heures qui sépara la torture du supplice. Ils lui firent signer et avouer tout haut sa confession, où il affirmait encore n'avoir agi que de son propre mouvement et par la suggestion de l'esprit du mal.

À trois heures de l'après-midi, on le fit sortir de prison, et avant même que d'en sortir il put juger de la rage excitée par son crime. Il ne croyait pas à la fureur du peuple. Quand il entendit donner des ordres pour l'empêcher d'être déchiré dans le trajet, il dit avec orgueil qu'on n'aurait garde de le toucher, persuadé qu'on lui savait gré, au contraire, d'avoir délivré le royaume d'un monarque contre lequel il avait entendu tant de plaintes. Il fut bientôt détrompé. Il faillit être étranglé d'abord par les prisonniers. Puis, dans la cour du Palais et sur tout le chemin qu'il parcourut, la foule fut contenue avec peine ; elle voulait le mettre en pièces, elle vomissait feux et flammes contre lui. La colère publique était montée à un degré inouï.

On le mena faire amende honorable à Notre-Dame, puis on le conduisit à la place de la Grève, où il souffrit les plus horribles supplices, qui ne pouvaient satisfaire encore la vengeance du peuple. Le feu fut mis à son bras ; sa main droite percée de part en part d'un couteau rougi au feu de soufre. Ensuite, on lui déchira la poitrine et le gras des jambes avec des tenailles rougies. On arrosa les plaies avec du plomb fondu, de la cire, du soufre, de l'huile et de la poix bouillantes. Il poussait des hurlements affreux. La multitude criait qu'on allait trop vite, qu'il fallait le faire languir. Lorsque le clergé voulut réciter les prières accoutumées, elle s'y opposa, criant qu'il ne fallait pas prier pour ce méchant et traître parricide.

Après avoir subi ces effroyables tortures, au moment d'être tiré à quatre chevaux, Ravaillac demanda l'absolution à son confesseur, l'un des docteurs de Sorbonne. Celui-ci la lui refusa, en disant que cela lui était défendu en crime de lèse-majesté au premier chef, s'il ne voulait révéler ses fauteurs et complices. Il répondit qu'il n'en avait point, ainsi qu'il avait souvent protesté et protestait encore derechef. Le prêtre ne voulant, pas passer outre : « Donnez-moi, dit le mourant, l'absolution, au moins à condition, au cas que ce que je dis soit vrai. — Je le veux, lui répondit le confesseur, mais à cette condition qu'au cas qu'il ne soit ainsi, votre âme, au sortir de cette vie que vous allez perdre, s'en va droit en enfer et au diable, ce que je vous dénonce de la part de Dieu comme certain et infaillible. — Je l'accepte et la reçois, dit-il, à cette condition. »

On fit tirer les chevaux par petites secousses pendant une demi-heure, et, dans les temps d'arrêt, le greffier l'admonesta encore à plusieurs reprises de dire la vérité. Le malheureux eut la force de répéter : « Il n'y a que moi qui l'ai fait ! » Un des chevaux étant trop fatigué pour continuer à tirer, un cavalier donna le sien. Au bout d'une grande heure d'écartèlement, Ravaillac fut enfin démembré, puis mis en pièces par la populace.

Soit que l'on considère les circonstances qui précédèrent l'attentat, soit que l'on considère celles qui le suivirent, il est évident que Ravaillac obéit à une impulsion personnelle et non à un mot d'ordre, qu'il agit pour son compte, sous l'empire de passions aveugles, et non pour le compte d'autrui. Ses fausses démarches, ses indiscrétions, ses incertitudes, eussent fait de cet homme l'agent de complot le plus invraisemblable. Rappelez-vous cet habit vert qui attire les yeux, ces visites à tous les personnages qui peuvent lui donner accès auprès du roi, ce dénûment qui le force une première fois à quitter Paris ; au moment où il commit son crime, il n'avait plus que trois quarts d'écu ; si l'occasion de l'exécuter ne s'était pas offerte, il eût été obligé, comme il l'a avoué, de repartir le lendemain pour Angoulême. Puis songez à ces dénégations persévérantes dans les tortures et en présence de la mort. La confession de ses angoisses et de ses hallucinations a, d'ailleurs, un caractère de vérité incontestable. Lorsqu'on examine ainsi le personnage de près, aucun doute n'est possible.

Ce n'est pourtant pas le sentiment qui a prévalu chez la plupart des historiens. Le goût des complications dramatiques entre pour beaucoup, assurément, dans l'opinion contraire. Mais ce qui l'a entretenue et fortifiée, c'est la tendance qui, au moment même de la catastrophe, fit naître et accrédita des bruits de complot. On se persuade malaisément qu'un événement qui a les plus graves conséquences politiques ait pour auteur un individu isolé et obscur, mû et poussé par de funèbres rêveries. On a peine à accepter le rôle du grain de sable dans les affaires de ce monde. Aussi, bien des rumeurs ne manquèrent pas de circuler à la mort de Henri IV, « dans l'horreur et l'indignation, comme dit Bossuet, qu'inspira un coup si soudain et si exécrable ». L'Estoile s'est fait, à son ordinaire, l'écho immédiat de ces rumeurs. Elles se renouvelèrent par la suite, et l'on chercha à leur donner plus de consistance. Sept mois après le supplice de Ravaillac, au mois de janvier 1611, Jacqueline de Voyer, dite la d'Escoman, épouse d'Isaac de la Varenne, femme faisant métier de la galanterie, adressa à la justice des dénonciations contre la marquise de Verneuil, Henriette d'Entragues. Elle fut traduite, non devant une commission, mais devant le parlement, devant la justice régulière du pays. Les chambres, assemblées et présidées par le vieil ami de Henri IV, Achille de Harlay, reçurent d'abord les dénonciations de la d'Escoman. Elle fut jugée ensuite par une chambre du parlement composée de dix-huit conseillers ; elle fut déclarée

calomniatrice, condamnée à la prison perpétuelle, et ceux qu'elle avait accusés furent déchargés et proclamés innocents (23 et 30 juillet 1611). L'accusation était, en effet, des moins vraisemblables. La marquise de

Verneuil n'avait aucun intérêt au crime et en avait un immense à l'empêcher. Même après son refroidissement pour elle, le roi lui demeurait attaché par le lien d'une ancienne affection, par le lien bien autrement fort de leurs enfants. Henri mort, elle perdait tout appui ; elle tombait à la merci de la reine, qui l'avait toujours détestée. Comment donc expliquer cette accusation ? Il est clair que la d'Escoman essaya d'exploiter ces rancunes de la régente, qui étaient bien connues. Elle crut que Marie de Médicis lui saurait gré de diriger contre une ancienne rivale les soupçons qui inquiétaient les esprits : elle fut déçue dans son calcul. Non-seulement la reine ne prit pas son parti, mais l'opinion publique ne la soutint pas davantage.

Quelques années plus tard, en 1615, une tentative analogue, mais plus politique, a lieu. Les circonstances ont changé. L'autorité de Marie de Médicis et du duc d'Épernon est ébranlée et impopulaire. Un aventurier nommé Pierre Dujardin, fils d'un plâtrier de Rouen, se faisant appeler capitaine et sieur de La Garde, après avoir été offrir ses services dans les diverses cours de l'Europe et n'avoir pu demeurer nulle part, rentrait en France. Voulant attirer l'attention sur lui et faire un coup d'éclat, il publie un factum dans lequel il accuse le conseil d'Espagne, le jésuite Alagona et le duc d'Épernon, d'avoir été les instigateurs de l'assassinat de Henri IV. Il y faisait le récit romanesque et incontestablement faux d'une rencontre qu'il aurait faite de Ravaillac à Naples en 1609. Il est enfermé à la Bastille, puis à la Conciergerie ; il subit de nombreux interrogatoires. Aucune des ambitions rivales qui s'agitaient alors ne consent à s'armer, comme il l'espérait, de ses dénonciations. Le grand ennemi de l'Espagne et du duc d'Épernon, Richelieu, les méprise. Pierre Dujardin est rendu à la liberté après une captivité assez longue, et disparaît dans l'obscurité. La conduite du duc d'Épernon, qui eût été l'intermédiaire du conseil d'Espagne auprès de Ravaillac, ne prêtait nullement à ces attaques. Il avait empêché le peuple de massacrer Ravaillac au moment de l'assassinat ; ce n'était pas l'acte d'un complice qui, si prudente qu'eût été son intervention, aurait toujours eu quelque révélation à craindre. On a dit que cette conduite était une preuve de sang-froid, une habileté ; mais, avec de telles interprétations, il est évident qu'on n'a plus aucun moyen de juger les actions des hommes.

Les Concini, les favoris de la reine, tenus à l'écart par Henri IV, étaient seuls intéressés à la mort du roi ; et Sully dirige, en effet, les soupçons sur eux dans ses *Mémoires* ; mais il était impossible d'imaginer aucune relation entre ces étrangers et le maître d'école d'Angoulême. Quant à Marie de Médicis, quoique cette reine ne fasse pas dans l'histoire une figure très-sympathique, il n'y a pas la moindre présomption qui permette de mêler son nom à ce complot imaginaire. Mézeray accueillit le premier, avec une complaisante légèreté, quelques-unes des allégations contenues dans les factums de la d'Escoman et de Dujardin. Après lui, on se laissa de plus en plus attirer par cette source de mystères et de scandales. Pour la plupart des historiens, ces documents équivoques sont devenus des textes irréfragables. On en a pris ce qui convenait, scindant les témoignages, laissant de côté ce qui s'y trouve de trop absurde, arrangeant arbitrairement ce qu'ils offrent de contradictoire et d'inconciliable, opérant des raccords, remplissant les lacunes par des insinuations qui se transforment bientôt en des affirmations tranchantes. Voltaire avait bien vu ce qu'il fallait penser sur ce point, et ses conclusions, conformes à la réalité des choses, sont celles que l'histoire adoptera définitivement[29].

L. M.

1. ↑ *Bibl. française,* tome XIII, page 127.
2. ↑ *Id.,* t. XII, p. 26 ; et XIII, 127.
3. ↑ Tables du *Nouvelliste du Parnasse,* lettre *E.*
4. ↑ Tome XII, article XI, page 26.
5. ↑ L'auteur avait écrit ce morceau en anglais (*Note de Voltaire,* 1768), lorsqu'on imprima *la Henriade* à Londres. (*Id.,* 1775.)
6. ↑ Voyez une note du chant II, pages 69-70.
7. ↑ Voyez les notes du chant II, page 68.
8. ↑ Le 18 auguste 1572.
9. ↑ Voltaire a dit plus tard que Besme était Allemand ; voyez page 78. Il était Bohémien.
10. ↑ Voyez page 81.
11. ↑ Il serait donc né en 1562 ; mais ce compte diffère des chiffres qui sont donnés page 85.
12. ↑ Voyez page 82.
13. ↑ Voyez page 81.
14. ↑ Dans *le Nouvelliste du Parnasse,* dont les rédacteurs étaient les abbés Desfontaines et Granet, on observe que le traducteur (l'abbé Granet lui-même) ne donne pas le texte de la lettre de Montmorin, mais la traduction qu'il a faite sur la traduction que Voltaire en avait faite en anglais. (B.)
15. ↑ En 1802, dans une séance particulière de l'Institut, M. Dulaure lut un mémoire dans lequel il prouve que cette lettre est supposée, parce que :

1° le gouverneur d'Auvergne, en 1572, s'appelait et signait *Saint-Herem*, et non *Montmorin*, quoique de la même famille ; 2° le mot *protestant* n'était employé alors que par quelques écrivains protestants eux-mêmes : les catholiques se servaient des mots *religionnaires, huguenots, calvinistes, prétendus réformés, ceux de la religion prétendue réformée ;* 3° le style de la lettre n'est pas celui du temps ; 4° ce n'est pas celui du gouverneur de l'Auvergne ; 5° cette lettre est contraire à son caractère et à sa conduite antérieure, puisqu'il avait persécuté les protestants ; 6° si les réformés d'Auvergne échappèrent au massacre, ce fut parce que l'ordre envoyé de la cour au gouverneur de la province fut enlevé par un calviniste au capitaine Combelle, natif de Clermont, qui en était porteur : celui-ci n'ayant pu qu'énoncer verbalement cet ordre rigoureux, le gouverneur ne voulut pas prendre sur lui de l'exécuter sans l'avoir reçu par écrit ; mais la fureur de la cour s'étant ralentie après les massacres, on ne voulut pas expédier un nouvel ordre pour l'Auvergne.

Le château Saint-Ange, bâti par Henri IV pour la belle Gabrielle, n'est qu'à trois lieues du château de Fontainebleau, dont les Montmorin étaient gouverneurs ; et ce fut chez M. de Caumartin, à Saint-Ange, que Voltaire commença *la Henriade.*

C'est ici le lieu de remarquer aussi que Jean Hennuyer, évêque de Lisieux, à qui l'on fait honneur d'avoir, dans son diocèse, empêché le massacre des protestants, loin d'avoir été leur protecteur, avait montré, en 1561, une vive opposition au célèbre édit du 17 janvier, qui leur permettait de faire des prêches hors des villes. Il ne paraît même pas qu'à l'époque de la Saint-Barthélémy, Hennuyer, qui était aumônier de Charles IX et confesseur de Catherine de Médicis, fût dans son diocèse ; ce fut, dit-on, à Guy du Longchamp de Fumichon, gouverneur, ainsi qu'à Tannegui Leveneur de Carrouges, et aux officiers municipaux de Lisieux, que les protestants de cette ville durent leur salut. Voyez dans le *Mercure* diverses lettres, 1746, second volume de juin et premier de décembre ; 1748, septembre, et second volume de décembre. L'abbé Lebœuf, auteur de cette dernière lettre, fait honneur à Matignon, gouverneur des bailliages d'Alençon (d'où dépendait Lisieux), de Caen, et du Cotentin, d'avoir empêché, dans son gouvernement, le massacre des protestants. (B.)

16. ↥ Voyez page 99.
17. ↥ Voyez la note 2 de la page 134.

18. ↑ C'est un épisode du dixième chant, vers 282 et suivants ; voyez page 252.

19. ↑ Le 9 mai 1590.

20. ↑ Dans le tome VI de l'édition des *Œuvres de Voltaire*, daté de 1745, et faisant suite aux volumes publiés en 1738-39, on donne ce morceau comme nouveau. Il y est intitulé *De la Mort de Henri IV*. Ce fut en 1748, dans le tome Ier de l'édition de Dresde, qu'on le mit à la fin de *la Henriade*. (B.)

21. ↑ Le prince de Condé.

22. ↑ Contre le duc d'Orléans, régent.

23. ↑ Nommé René ; voyez la note 3 de la page 75.

24. ↑ C'est en 1743 que l'abbé Lenglet-Dufresnoy avait donné, comme sixième tome ou supplément des *Mémoires de Condé*, vingt et une pièces. (B.)

25. ↑ Ravaillac, d'après le texte exact du procès, semble parler ainsi de lui-même et convenir qu'il est, lui Ravaillac (et non le duc d'Épernon), un *catholique à gros grain*. Voyez, sur le sens de cette expression, page 295, note 1.

26. ↑ Nous joindrons ici un extrait du procès criminel de Ravaillac, qui peut servir de preuve à ce qu'on vient de lire. (K.)

— J'attribue cette note aux éditeurs de Kehl, parce que leurs éditions sont les premières dans lesquelles j'ai trouvé l'*Extrait du procès criminel*. (B.)

27. ↑ *Papault*, papiste ; *ultramontain*, comme on dirait maintenant.

28. ↑ Cette expression avait alors le sens de catholique renforcé, catholique portant des chapelets à gros grains. Elle était prise, toutefois, en mauvaise part, de sorte que par la suite elle signifia au contraire : mauvais catholique, tiède et négligent. On écrivit alors : *à gros grain*.

29. ↑ Les pièces relatives au procès criminel de Ravaillac ont été souvent imprimées *in extenso*. Citons le petit volume qui a paru sous ce titre : « *Procès du très-meschant et detestable parricide Fr. Ravaillac, natif d'Angoulesme*, publié pour la première fois sur des manuscrits du temps, par P... D... À Paris, chez Auguste Aubry, l'un des libraires de la Société des Bibliophiles français, rue Dauphine, 16. — MDCCCLVIII. »